PREMIERE LETTRE

A M. NECKER,

Sur l'importance des opinions religieuses.

BERLIN.

1788.

PREMIERE

LETTRE

A M. NECKER,

Sur son Livre de l'importance des opinions religieuses.

J'ai souhaité cent fois que, si Dieu soutient la nature, elle le marquât sans équivoque ; & que si les marques qu'elle en donne sont trompeuses, elle les supprimât tout-à-fait : qu'elle dît tout ou rien ; afin que je visse quel parti je dois suivre.

P A S C A L.

MONSIEUR,

VOUS écrivez pour éclairer le monde ; j'ai cru pouvoir vous écrire pour m'éclairer avec vous. Si l'opinion gouverne la terre, ceux qui dirigent l'opinion ne parlent & n'écrivent jamais impunément : ils sont responsables de leurs idées,

A ij

comme les rois de leurs actions; & tout homme a droit de marquer sa surprise, lorsque M. Necker publie un livre de métaphysique qui doit déplaire également aux prêtres & aux philosophes, & qui peut être condamné le même jour dans Geneve, dans Rome & à Constantinople.

Il est probable qu'un tel livre, n'étant qu'une harangue en faveur du déisme, & une paraphrase de ce vers si connu, *si Dieu n'existoit pas, il faudroit l'inventer ;* il est, dis-je, probable qu'il seroit tombé de vos mains dans l'oubli, si vous ne l'aviez signé; mais on n'a pu supposer que M. Necker eût fait un livre inutile, ni qu'il eût affecté sans raison d'éviter toute idée neuve ; & la nation qui eût craint de vous humilier par son indifférence, a marqué pour vous lire un empressement que la légereté de son caractere rend plus flatteur & plus cher à l'austérité du vôtre.

Cet empressement étoit dû à l'éclat de votre ministere : vous avez joui de la confiance d'un roi, dont la probité n'a jamais été suspecte à l'Europe, & vous avez emporté nos regrets.

Quand les princes & les peuples sont dans l'affliction, ce n'est point vers des hommes de plaisir qu'ils tournent les yeux : leurs regards abattus cherchent un sage, & son front févere qui les eût troublés dans leurs jours d'ivresse & de dissipation, les rassure & les console dans le malheur.

La France éprouvoit ce befoin , lorfqu'on vit un homme élevé par les philofophes & formé dans la féchereffe des calculs , apporter tout-à-coup l'étroite économie d'une petite république au fein de nos profufions ; on efpéra que fon inflexibilité lafferoit la perféyérance des courtifans , & qu'il fatigueroit l'intrigue par la conftance de fes refus : on alla jufqu'à lui tenir compte de la féverité de fon extérieur & de la différence des religions ; car le malheur s'attache à tout & rien ne paroît méprifable à l'efpérance.

Tel parut l'homme fur qui s'arrêterent le choix du prince & le vœu des fujets , & cet homme, c'étoit vous. On n'oubliera jamais jufqu'à quel point vous accrûtes notre efpoir , quand vous ofâtes le premier rendre compte au roi de l'état des finances en préfence de fon peuple : c'étoit ouvrir une nouvelle route à leur amour & à leur confiance mutuelles ; & je ne doute pas que vous n'euffiez enfin accompli le vœu de la profpérité publique , fi , comme tous les grands caracteres, vous n'aviez eu éminemment le revers de vos qualités ; fi vous n'aviez pouffé la force jufqu'à la dureté , la dignité jufqu'à la rudeffe ; fi vous n'aviez facrifié vos projets à votre humeur ; fi vous n'aviez enfin dédaigné , pour vous foutenir , les refforts que vous n'aviez pas craint d'employer pour arriver au miniftere. Quoi qu'il en foit , l'hiftoire vous vengera de ce vieillard frivole qui n'eut d'autre énergie , que fa haine contre Louis XV ; qui ne rétablit les parlemens que pour remettre en queſtion ce qui étoit décidé ; & qui ſe fit un jeu cruel de renverſer votre prudence & votre économie ſur la ſageſſe & les grandes vues de Turgot.

Je ne dirai qu'un mot de M. de Calonne , puiſqu'on ne peut en ce moment, le ſéparer de vous. On ſait que , gêné par ſa réputation & par la vôtre , il n'a jamais pu parvenir à raſſurer les peuples. Il vient de faire à nos loix l'affront de s'expatrier pour ſe défendre , après avoir déclaré au malade confié à ſes ſoins , qu'il le laiſſoit dans un état déſeſpéré , & que vous l'aviez trompé en lui annonçant un excédent de forces qu'il n'avoit jamais eu. Son dernier mémoire ſe réduit pour les gens du monde , à cette ſeule propoſition, *que s'il eût compté à votre maniere, il eût laiſſé un excédent ; & que ſi vous euſſiez compté comme lui , vous auriez laiſſé un DÉFICIT.* On attend la fin d'un ſi grand procès ; mais que par la vérification *DU COMPTE RENDU* , vous ſoyez trouvé fidele en toutes vos promeſſes , ou que vous ayez erré , il ne ſeroit pas moins intéreſſant d'examiner juſqu'à quel point vous aviez donné à la France la premiere des puiſſances , qui eſt celle de l'opinion ; & combien M. de Calonne la lui a fait perdre : ce qui toucheroit au fameux problême : *juſqu'à quel point il eſt permis de tromper les peuples , & si on peut les sauver par une erreur.* Mais ce n'eſt pas ici l'objet de ma lettre , & je paſſe, Monſieur , à votre Traité DE L'IMPORTANCE DES OPINIONS RE-LIGIEUSES.

Ce n'eſt pas ſans une extrême défiance que j'entreprends cette diſcuſſion , & que je la ſoûmets à vos lumieres & au jugement du public. Si je n'étois raſſuré par l'importance du ſujet , je n'aurois jamais oppoſé mon obſcurité à votre éclat, & la ſimplicité de mon ſtyle à la ſolemnité du vôtre (1).

Vous annoncez d'abord que ce qui vous a porté à faire un volume ſur *l'utilité temporelle des religions* , c'eſt que vous avez reconnu que les philoſophes, ne pouvant ni perfectionner la morale ni lui donner une baſe ſolide , il étoit tems de prêcher au peuple l'exiſtence d'un Dieu & de ſa providence.

Heureuſement qu'en attaquant les philoſophes, vous n'avez pas nommé la philoſophie. Paris , vous le ſavez, eſt la ville du monde où l'on a le mieux ſéparé ces deux mots : ce n'eſt point la

____

(1) Il eſt peut-être utile d'avertir les jeunes gens , qu'outre *le ſtyle ſimple*, *le tempéré & le ſublime*, ſi connus & ſi bien claſſés dans les rhétoriques de collége, on eſt forcé aujourd'hui d'admettre *le ſtyle miniſtériel*, & ce qu'on appelle , *la proſe poétique*.

philofophie , c'eſt un parti qui fait les philoſophes. Les langues ſont pleines de ces délicateſſes : c'eſt ainſi qu'on peut fort bien connoître l'homme, ſans connoître les hommes. Il eſt donc très-heureux que vous n'ayez point accuſé la philoſophie de ne pouvoir nous donner un cours de morale; ce ſeroit attaquer la raiſon dans ſon fort ; ce ſeroit inſulter l'eſpece humaine ; & il ſeroit triſte que, malgré tant de ſujets de diviſion, vous & M. de Calonne , fuſſiez tous deux d'accord; lui pour nous annoncer le DÉFICIT des finances, & vous celui des idées. --- Mais avant d'établir que la philoſophie, qui eſt la raiſon ſans préjugés, peut ſeule, avec le ſecours de la conſcience, donner aux hommes une morale parfaite, ſouffrez, Monſieur, que je vous demande à qui vous en voulez , lorſqu'au dix-huitieme ſiecle , vous proclamez un Dieu vengeur & rémunérateur.

Ce n'eſt point aux gouvernemens que vous parlez; car il n'en eſt point ſur la terre qui ne ſoit de connivence avec un clergé, & qui ne veuille tenir ſa puiſſance du Ciel. Ce n'eſt point aux peuples que vous prêchez; car votre livre qui peut-être eſt déjà à Petersbourg, ne parviendra jamais dans votre antichambre (1). Sans compter qu'un

______

(1) Je n'aurois même pas publié cette lettre , ſi je n'étois aſſuré de cette vérité , *que le peuple ne lit point* , & ſur-tout qu'il ne lit point les ouvrages philoſophiques. Les lecteurs de peuple qui non-feulement croit en Dieu , mais en Jefus-Chrift , rejettera toujours un ouvrage qui n'annonce qu'un Dieu pur & fimple. Une nation fauvage, par exemple, pafferoit fort bien de l'ignorance abfolue qu'on appelle *état de pure nature*, à la connoiffance d'un fuprême architecte, & pourroit s'y arrêter quelque tems; mais une nation avancée, qui a déjà un culte, ne rétrogradera pas ; qui a le plus, ne veut pas le moins. Or, le peuple fait fort bien que non-feulement il n'eft point de morale fans religion, mais encore que fans religion il n'y a point d'honnête homme; & non-feulement fans religion , mais encore fans la religion chrétienne , & fur-tout fans la religion catholique : car tout cela fe tient, & c'eft là qu'on vous menera toutes les fois que vous avancerez qu'il n'eft point de morale fans religion. Il eft plus conféquent en effet de croire tout ce que dit un prêtre, que de lui nier un feul article.

Enfin, ce n'eft point aux philofophes que vous vous adreffez ; car ceux qui ne feroient pas de votre avis, ne cherchent pas à faire fecte, & favent

---

toutes les claffes font riches, oififs ou penfeurs : un livre de philofophie ne leur paroîtra jamais dangereux. Voilà pourquoi dans un pays où la preffe n'eft pas libre, on choific toujours pour veiller à la librairie , des magiftrats qui ne lifent point : car on a obfervé que moins un homme a lu , plus il croit les livres dangereux , & plus il eft tenté de mettre tout le monde à fon régime.

d'avance tout ce que vous avez à dire fur le déifme.
A qui en voulez-vous donc, fi vous ne parlez ni
aux princes, ni aux peuples, ni aux gens inftruits?

Peut-être direz-vous que votre livre étoit né-
ceffaire dans un fiecle & chez une nation où l'on
a attaqué, tantôt avec dérifion, tantôt avec vio-
lence, la religion chrétienne & même l'exiftence
d'un premier être. Il auroit donc fallu nous donner quelque argument nouveau en faveur de la
religion, ou quelque nouvelle preuve de l'exiftence
de Dieu. Mais vous vous contentez de recomman-
der la morale évangélique & les cérémonies de
l'églife; & vous n'établiffez l'exiftence de Dieu que
fur le grand fpectacle de la nature & fur l'évi-
dence des caufes finales. Ciceron, Séneque & la
foule des rhéteurs après eux, n'ont jamais manqué
une feule occafion d'étaler toute leur éloquence à
ce fujet, & de cacher la pénurie des idées fous
l'abondance des mots.

Mais Pafcal vous eût rejetté bien loin avec vos
preuves tirées du fpectacle de la nature, lui pour
qui Dieu étoit moins probable que Jefus-Chrift,
& qui concevoit mieux qu'on pût être athée que
déifte.

Il favoit bien que la religion n'a rien à craindre
des premiers, & qu'au contraire elle ne fauroit
trop redouter les autres.

Suppofons en effet qu'un homme, après vous
avoir lu, vous tînt ce difcours. « L'éternité du

monde ne m'a jamais répugné comme à vous; fon immenfité ne m'effraye point, & je dis à la nature : *fi tu m'offres des efpaces fans bornes, je t'oppofe des fiecles & des générations fans fin.* Placé entre ces deux infinis, je ne me crois point malheureux : j'admets pour élémens éternels, l'efpace , la durée, la matiere & le mouvement. Les germes femés par tout me défendent de croire que la nature ait commencé, ni qu'elle s'épuife jamais. Je vois que le mouvement, en exerçant la matiere, lui donne la vie, qui n'eft elle-même qu'un mouvement fpontané : je vois que l'exercice de la vie produit le fentiment, & l'exercice du fentiment la penfée; ainfi que l'exercice de la penfée enfante les hautes conceptions. Or, *vie, fentiment & penfée*, voilà la trinité qui me paroît régir le monde. Toutes les productions de la terre s'abreuvent plus ou moins de ce fleuve de la vie qui en fertilife la furface. L'organifation plus compliquée des animaux en retient plus que celle des plantes, & l'homme en eft encore plus chargé qu'eux: c'eft le diamant qui abforbe plus de lumiere que le fimple cryftal. Je vois donc qu'il n'y a de mortel fur la terre que les formes & tous ces affemblages d'idées que vous nommez *efprits & ames.* Je vois que le premier rayon de lumiere qui entre dans l'œil d'un enfant & la premiere goutte de lait qui tombe fur fa langue, y forment un premier jugement, puifqu'il fent que l'un n'eft pas l'autre. Autour de ce jugement se raſſemblent d'autres idées ; & comme on n'oſeroit qualifier du nom d'armée une poignée de ſoldats , on ne commence à donner le nom d'*eſprit* & d'*ame* qu'à un certain nombre d'idées. L'enfant indique lui-même cette époque , lorſqu'aidé du ſentiment de ſon exiſtence & de la foule de ſes ſouvenirs, il commence à ſe diſtinguer de tout ce qui l'environne & à dire *moi*. C'eſt une plante arrivée à l'état de fleur. Que cet enfant périſſe, il n'y aura de détruit que la ſomme de ſes idées : ſon corps ira ſubir d'autres formes. C'eſt ainſi qu'en brûlant un livre ou un tableau, vous perdez réellement & ſans retour l'eſprit & le deſſein qui y ſont attachés ; mais le matériel du livre & du tableau tombe en cendres & s'éleve en vapeurs qui ne périſſent jamais. Je ſuis donc plus ſûr de l'immortalité des corps que de celle des eſprits : d'ailleurs l'eſprit & le corps ſont vraiſemblablement une même choſe ; & celui qui connoîtroit à fond les ſecrets de l'anatomie, rendroit compte de toutes les opérations de l'ame ; puiſqu'à chaque découverte qu'on fait, la nature laiſſe tomber un de ſes voiles. Ces vérités générales me ſuffiſent ; & je ne conçois pas que vous en ſoyez aſſez mécontent, pour être obligé de recourir à un Dieu qui, après avoir créé le monde, ne ceſſe de ſoutenir & de réparer ſon ouvrage. Et quand cela ſeroit, quelle preuve en auriez-vous ? Où font les titres de votre miffion ? Du moins les Juifs, les Chrétiens & les Mahométans avouent que Dieu leur a parlé, & qu'il a tracé lui-même le culte & les cérémonies qui lui plaifent. Mais vous, toutes vos preuves fe réduifent à un fentiment vague d'efpérance & de crainte : vous me faites du Dieu que vous défirez un portrait de fantaifie, & vous croyez lui plaire : tandis que moi, voyant les myfteres dont il s'eft environné comme d'autant de gardes qui me crient, *n'approchez pas*, je me retire & je crois entrer mieux que vous dans fes véritables intentions. Obfervons auffi, entre nous, que le fort de Dieu a varié comme celui des hommes : quand les peuples étoient ignorans & barbares, ils fe contentoient de faire Dieu tout-puiffant, & par ce feul mot ils tranchoient groffiérement toutes les difficultés. Mais à mefure qu'ils ont été plus inftruits, Dieu lui-même leur a paru plus intelligent : ils ont expliqué par les loix de la nature, ce qu'ils regardoient auparavant comme une opération immédiate de fon auteur, & Dieu a réellement gagné du côté de l'intelligence ce qu'il fembloit perdre du côté de la puiffance. C'eft en ce fens que Dieu eft toujours près de l'ignorant, tandis qu'il recule fans ceffe devant le philofophe, qui de jour en jour le place plus loin & plus haut dans la nature, & ne l'appelle à lui qu'à toute extrêmité. Si je venois donc à admettre ce Dieu à votre maniere & à le distinguer du grand tout, je n'en serois pas moins athée à vos yeux, puisque la providence ne seroit pour moi *que le nom de baptéme du hasard* (1), & que Dieu lui-même ne me paroîtroit, comme à tous les esprits foibles & paresseux, qu'une maniere commode d'expliquer le monde. Vous croyez vainement humilier l'homme en lui parlant des bornes de son esprit. Un oiseau qui voit semer du chanvre, prévoit tout au plus qu'il viendra de cette graine une forêt de plantes ; mais il ne prévoit pas qu'on tirera de cette plante de quoi faire des filets : encore moins prévoit-il qu'on en fera du linge, & de ce linge du papier & des livres. Tel est l'homme : témoin des démarches de la nature, comme l'oiseau l'est des siennes, il en prévoit ce qu'il peut. Tout ce qu'elle lui offre étant une jouissance pour les sens & un tourment pour l'esprit, il se livre & doit se livrer avec ardeur à ce double besoin de jouir d'elle & de l'étudier (2). Le désordre moral vous

---

(1) Cette expression heureuse & familiere, est d'une femme dont on ne peut piller que la conversation , puisqu'elle n'écrit jamais. . . . . .

(2) C'est sans doute la seule envie de faire du bruit ou de se moquer de l'inepte question d'une académie de province , qui fit avancer à Rousseau que les sciences étoient un mal. Cet excellent esprit sentoit bien que l'homme est né pour se perfectionner , & qu'ici le droit est fondé sur le fait. Si nous pouvions marcher sur l'eau , aurions-nous inventé les barques? Si nous pouvions grimper les murailles , aurions-nous recours

paroît inexplicable : mais confidérez que tout eſt ordre, paix & ſymétrie dans le monde phyſique. Il eſt vrai qu'en paſſant des plantes aux animaux, & ſur-tout à l'homme, on commence à trouver le déſordre & la guerre, & que s'il exiſtoit quelque être mieux organiſé que l'homme, il auroit des paſſions encore plus terribles. Chacun tend à ſoi : voilà l'origine du bien & du mal. Voudriez-vous que les hommes fuſſent ſur la terre, immobiles & rangés comme des arbres à côté l'un de l'autre ? La paix ſeroit trop chere à ce prix. En tout il ne faut pas vouloir être plus ſavant que la nature ; & ſi dans la ſociété vous étiez trop choqué de l'inégalité des conditions, convenez du moins que le bonheur eſt mieux diſtribué que les richeſſes. Quant à moi, je mene une vie conforme à l'ordre en ſuivant les lumieres de ma raiſon. Comme Épicure, (1) j'ai placé la vertu dans la volupté,

---

aux échelles ? L'induſtrie ſupplée la puiſſance, & l'art aide la nature. Demander ſi c'eſt-là un bien ou un mal, c'eſt demander en dernier réſultat ſi le monde lui-même eſt un mal ou un bien, & s'il ne vaudroit pas mieux qu'il n'exiſtât pas : c'eſt demander ſi la rhubarbe eſt un poiſon ou un aliment. La rhubarbe n'eſt ni l'un ni l'autre : c'eſt un remede. Les ſciences & les arts ſont auſſi des remedes contre l'ignorance, & des reſſources contre les beſoins.

(1) Ce n'eſt point l'Épicure défiguré par tant de calomnies dans les écoles & parmi le peuple. C'eſt l'Épicure de l'antiquité, un des hommes qui a le plus approché de la perfection.

afin de la rendre plus délicate & plus aimable, & de faire le bien pour le plaifir même de le faire ; tandis que vous ne fongez qu'à éviter un châtiment ou à obtenir un prix. Je fuis feulement fâché que le nom même de la vertu faffe la fatyre de l'homme, puifqu'il fignifie *effort* ».

Il me femble, Monfieur, que fi un incrédule avoit l'impoliteffe de vous pouffer ainfi, vous pourriez être embarraffé, quoi que vous fiffiez pour furprendre fon irréligion ; mais le peuple fe moqueroit d'un homme qui n'allégue pour regle de morale que l'utilité générale des fociétés, pour motif que l'intérêt & le plaifir qu'on trouve à faire le bien. Ce fyftême eft fi nu, il parle fi peu à l'imagination, il fuppofe tant de réflexions & de connoiffances, tant de nobleffe & de rectitude dans l'ame, qu'il ne conviendra jamais à la multitude. Ce n'eft point ainfi qu'on mene les nations en laiffe : il y a dans le cœur humain une fibre religieufe qu'on ne peut extirper ; & voilà pourquoi d'un bout de la terre à l'autre on nous inocule fi facilement d'une religion. Or, les prêtres ont à craindre que les déiftes ne les gagnent de vîteffe ; car les déiftes appuyent leur morale fur la même bafe qu'eux. Ils prêchent comme eux un Dieu bon & jufte : ils s'attachent les cœurs par les mêmes efpérances, par les mêmes craintes, par les mêmes confolations : ils fe mettent à la portée de tous les efprits :

efprits, l'imagination ne peut réfifter à l'impofant tableau qu'ils font de la providence & de l'ordre qu'elle entretient dans l'univers : ils perfuadent facilement que Dieu fera pour un autre monde ce qu'il n'a pas fait pour celui-ci : ils ont, enfin fur les prêtres l'avantage de la tolérance. Et voilà pourquoi la profeffion de foi du Vicaire Savoyard , laquelle eft un très-beau précis de votre Livre , a féduit les ames honnêtes & douces ; tandis que le Livre *du fyftême de la nature*, fût-il auffi attrayant qu'il eft ennuyeux, n'a dû entraîner perfonne. Un fyftême qui ôte l'immortalité à l'homme, pour la donner à l'u-nivers , qui établit que le monde n'a ni com-mencement ni fin , & qui veut que tout plie fous la néceffité , ne fera jamais fortune. Les hommes font intraitables là-deffus , & c'eft une chofe plaifante qu'en fait de généalogie ; ils tremblent toujours de rencontrer leur origine, & qu'en métaphyfique , ils s'épuifent pour en chercher une à l'univers. « Toutes chofes , dit Pafcal, font forties du néant & portées jufqu'à l'infini ». C'eft-à-dire, à l'infinie grandeur , à l'infinie petiteffe, & à l'infinie durée ; tellement que fi l'homme aime à croire que le monde a commencé, il ne défire pas avec moins d'ardeur que fon ame foit immortelle ; il craint d'aborder le néant au fortir de la vie, & il s'en figure une autre au bout de celle-ci , comme dans fes

B

jardins il fait peindre des ciels & des perſpeƈtives, afin de donner à la plus courte allée toute l'illu-ſion de l'immenſité.

Je n'ai cherché , direz-vous , qu'à épancher mon ame & mes idées : n'ayant plus l'adminiſtra-tion pour objet , j'ai crū devoir m'occuper de l'influence de la religion ſur les États : j'ai voulu préſerver notre imagination de l'effrayant ſpeƈtacle d'une exiſtence ſans date , d'une aƈtion ſans liberté & d'un avenir ſans eſpérance. Je ſuis un Fénélon , mais un Fénélon ſans évêché , & loin de donner à un culte la préférence ſur un autre , je me ſens au fond du cœur une tolérance uni-verſelle , qui voudroit protéger toutes les croyan-ces & jetter de nouveaux liens parmi les hommes, en leur montrant à tous le même pere , dans un Dieu toujours prêt à recevoir la variété de leurs tributs , & à ſourire indulgemment à la bizarrerie de leurs hommages.

Cette diſpoſition d'eſprit & de cœur , cette bienveillance qui vous attire vers tous les hommes, & qui vous rend heureux , ne peut auſſi que vous rendre plus cher à vos amis : mais ce doit être là le ſecret de votre ame ; & ſi vous en faites une profeſſion de foi & une profeſſion publique, elle ne peut que vous compromettre : c'eſt aſſez d'expoſer ſa gloire , il faut du moins dérober ſon bonheur. Le Livre *de l'importance des opinions religieuſes* , à quelqu'homme de lettres qu'on l'eût attribué, n'eût peut-être pas été remarqué : mais vous avez été homme public , & comme écrivain, vous avez paffé du miniftere des finances à celui de la parole. On a droit de fuppofer que vous avez eu le tems de connoître les maladies fecrettes de l'État ; & votre ouvrage pourroit faire foupçonner le clergé de corruption , & le gouvernement d'indolence fur le grand objet de la religion.

S'il fe trouvoit en Europe un monarque athée, affez fou pour paffer de la théorie à la pratique ; un roi qui voulût détruire les temples & nous ôter tous les fignes vifibles de la religion, pour ne plus gouverner les hommes que par le raifonnement & par les loix, fans doute un Livre qui lui démontreroit l'importance des opinions religieufes, lui ouvriroit les yeux. Mais le feu roi de Pruffe, qui a donné tant de fymptômes d'athéifme, n'en a été que plus tolérant pour toutes les religions. Il connoiffoit trop bien l'énergie de ce reffort caché, & vous favez, Monfieur, que des colonies de Juifs , de Catholiques , de Calviniftes & de Luthériens , ont fleuri à l'ombre de fon trône.

C'eft peut-être cet exemple même que vous aviez en vue ; & je conçois que dans un moment où le roi donne l'état civil aux Proteftans, fans leur permettre d'avoir un culte public, vous ayez fongé à propofer en forme de dilême, ou la

tolérance religieufe aux Catholiques, ou l'indifférence du déifme aux Proteftans. Si c'eft - là,
comme je penfe, le but de votre ouvrage, vous
l'avez indiqué fi rapidement, pag. 478, que la
plupart des lefteurs auront befoin d'en être aver-
tis. Vous y obfervez « que fi le nombre des
diffidens étoit ou devenoit confidérable, une partie de la nation feroit fans culte, & que le gouvernement ne peut s'y montrer indifférent ».

Il faut croire que s'il exiftoit cinq ou fix religions différentes dans l'État, le gouvernement
leur eût accordé à toutes la liberté du culte; mais
entre Proteftans & Catholiques, on a fans doute
craint d'élever autel contre autel. Il feroit heureux
que les Proteftans euffent affez de philofophie pour
fe contenter de nos églifes & de nos prédica-
tions; mais leurs miniftres ne le fouffriroient pas.
L'intérêt eft le nerf fecret de toutes les religions,
& je ne voudrois pas expofer la nôtre, tout
certain que je fuis de fa durée, à la privation
des bénéfices.

Dans tout votre Livre, Monfieur, vous ne cef-
fez d'attribuer à la religion une force que vous
favez très-bien qu'elle n'a pas: fon impuiffance
contre les paffions eft connue, & vous n'ignorez
pas fon infuffifance contre les préjugés. Un homme religieux n'eft-il pas bien fûr de fa damnation
éternelle, s'il eft tué en duel? Et cependant le
point d'honneur l'emporte, & il fe bat. Une mere

dévote facrifie le bonheur de fa fille à l'avance-
ment de fon fils, & elle ne doute pas qu'une
religieufe victime en ce monde ne le foit fouvent
dans l'autre.

Si la religion eft impuiffante contre les paffions
& les préjugés, vous nous direz peut-être qu'elle
eft admirable contre l'infortune & la mifere. Plaifant dédommagement à propofer à un peuple écra-
fé d'impôts & opprimé par les puiffances, que
l'enfer pour les riches & le paradis pour les pau-
vres ! Les mauvais gouvernemens ne demandent
pas mieux qu'un langage qui tend à faire des ef-
claves plus foumis & des victimes plus réfignées.
Eft-ce donc ainfi qu'un homme d'État doit parler à
des peuples malheureux ? Un habile tyran, dit Ma-
chiavel, paroîtra toujours inviolablement attaché
à fa religion, s'il veut tout faire impunément.

Vous vous plaignez, Monfieur, vers la fin de
votre Ouvrage, de ce qu'on affecte aujourd'hui
de ne plus parler *religion* dans la fociété. Pafcal
fe plaignoit de fon tems de ce qu'on en parloit
trop. L'efprit humain las d'une attitude en prend
une autre, & on appelle *révolution* ces petits
changemens. Montagne , Charron , Bayle, la
Mothe le Vayer & autres, parlerent hardiment
de tout ; mais ces femences de liberté fe perdi-
rent fur un terrein mal préparé. Le fiecle de
Louis X I V, tout littéraire & tout religieux,

devint le plus beau fiecle du chriftianifme; je n'en excepte pas les tems de la primitive églife. Quel fiecle en effet que celui où l'on voyoit non-feulement les Boffuet & les Fénélon, les Turenne & les Condé, mais les Racine, les Corneille & les Boileau s'occuper fans relâche des moindres pratiques de la religion, fans fe permettre jamais l'ombre même du doute! Louis XIV n'avoit donné qu'une allure à l'opinion, & tous les efprits la fuivirent. Mais fous Louis XV, prince qui laiffoit tout aller, chacun s'ouvrit une route : l'infurrection fut générale, & on ne parla que de philofophie & de religion pendant un demi-fiecle. Aujourd'hui l'ufage eft de ne parler ni de l'une ni de l'autre. Ces queftions ont fatigué le monde. Il n'y a que quelques jeunes gens, vexés par des pratiques minutieufes de dévotion, qui s'en vengent par des propos au fortir du collége; mais l'expérience leur apprend bientôt que, fi l'homme eft une trop chétive créature pour offenfer l'Être Suprême, il n'en eft pas moins vrai que les irrévérences font des crimes envers la fociété; qu'il ne faut ni bleffer les dévots ni ennuyer les gens d'efprit; & qu'en tout il eft plus plaifant de parler de ce monde-ci que de l'autre. Au refte l'homme qui penfe, fait toujours ce dont il s'agit à l'époque où il fe trouve, & je ne doute pas qu'avec fa fureur de dominer le fiecle, Voltaire n'eût été autrefois un pere de l'églife ou un fondateur d'ordre (1). On fait affez jufqu'où il poußoit fa jaloufie contre les fondateurs de religions.

Il faut avouer auffi que c'eft là la premiere des gloires : mais n'eft-ce pas une puérilité que de s'affliger de trouver la place prife ? Dans le grand nombre de fectaires, combien peu ont réuffi ! Et à quel prix encore ? Quel admirable concours de circonftances ne faut-il pas pour fonder une religion ? Dieu lui-même avoit préparé la terre pour l'établißement du chriftianifme. En vain la mythologie flattoit les foibleßes humaines & charmoit l'imagination ; il y a dans l'homme une partie raifonneufe qui n'étoit pas fatisfaite ; la religion n'étoit que poétique, & voilà pourquoi il fe formoit de toutes parts des fectes & des aßociations d'adorateurs d'un feul Dieu. Le ftoïcifme fur-tout éleva l'homme au-deßus de lui-même ; mais comme tant de fages ne profeßoient que le déifme pur, & ne dreßoient des temples à Dieu qu'au fond de leur cœur, ils ne purent fixer les regards de la multitude qui admiroit leur vertu, fans voir quel en étoit l'objet ou le prix. La fuperftition débordée fur la terre demandoit une main qui lui creufât un lit & lui donnât un cours

____

(1) Peut-on en douter, quand on trouve tout l'efprit de nos philofophes modernes dans les Peres de l'Eglife , & fur-tout dans St. Auguftin , qui difoit que fi la raifon vient tard aux enfans , c'eft afin qu'elle les trouve *acoquinés* à ce monde ?

régulier. Le chriftianifme vint & parla aux fens, à l'efprit & au cœur: en retenant la pompe du paganifme, la fubtile métaphyfique des Grecs & toute la pureté du ftoïcifme, cette religion fe trouva parfaitement appropriée à la nature humaine. C'eft elle qui a confacré le berceau de toutes les monarchies de l'Europe: elle a favorifé le progrès de la lumiere, en nourriffant le feu des difputes; elle a fait tourner au profit des nations & les utiles fcandales des papes, & les inutiles vertus du cloître, & les fuccès des méchans, & les vertus des incrédules; & je ne fais ce que tous fes adverfaires réunis pourront mettre à fa place, fi jamais l'Europe les conftitue arbitres entre l'homme & Dieu.

Voilà ce que penfe aujourd'hui la plus faine partie du monde: mais on eft convenu de ne plus agiter ces queftions: ce font des écueils marqués fur la carte, & chacun les évite. Les efprits les plus heureux en métaphyfique que gagnent-ils à méditer fur l'infini, fur Dieu, fur l'ame, fur l'éternité? Une image neuve, une expreffion plus vive & voilà tout (1). Ce n'eft point par-là qu'on recule les bornes de l'efprit humain: en

---

(1) Voici la plus grande de ces expreffions : *la nature eft un cercle dont le centre eft par-tout , la circonférence nulle part.* Elle eft du vieux trifmégifte , elle a été répétée par Timée de Locre, par St. Auguftin , & enfin par Pafcal.

tout

tout il ne faut pas songer à être plus qu'homme,
mais seulement à être plus homme.

La croyance en un Dieu n'a sur-tout aucun besoin d'appui. Elle est si naturelle & si nécessaire
aux gouvernemens, aux peuples, à la société,
aux beaux arts (1), à la richesse pour sa sûre-
té, à la misere pour sa consolation ! Le monde
seroit orphelin, dit Shafterbury, si Dieu n'existoit
pas (2).

On ne peut, Monsieur, qu'être frappé en

---

(1) Je dirois volontiers à un artiste athée : Si vous niez
un Dieu, l'homme étant le premier être de la nature, le
singe devient son lieutenant, & que deviennent les belles
formes ? Nous songeons à nous élever, & s'il y avoit des
anges, nos femmes nous quitteroient pour eux afin d'ennoblir
& de perfectionner l'espece. C'est ainsi que dans La Fontaine,
le mulet vante toujours sa mere la jument, en dépit de
M. Mercier, qui lui rappelle toujours l'âne son pere. . . . . .
Mettez donc l'infini entre vous & votre modele, & donnez-
vous un but qui recule sans cesse.

(2) Lisez dans Voltaire combien il fut frappé d'admira-
tion, quand il vit pour la premiere fois que Locke, Clarke
& Newton ne prononçoient jamais le nom de Dieu sans lever
le chapeau. Il y a pourtant une république fort sage qui ne
veut pas qu'on parle de Dieu ni en bien ni en mal. C'est-là
qu'on n'entend point demander d'un côté, *y a-t-il un Dieu ?*
Et de l'autre, *combien y a t-il de Dieux ?* Un Athénien avoit
commencé l'éloge d'Hercule. Un Spartiate lui demanda : Qui
est-ce qui le blâme ? Du reste si on étoit forcé à se décider
entre un athée qui n'admet point de Dieu, & un idolâtre
qui en admettroit un ridicule, il faudroit, selon M. Necker,
se décider pour l'idolâtre.

C

vous lifant, de la peinture que vous faites du vuidé & de la folitude que nous laiffent les gran-des places : elles ont l'inconvénient des grandes paffions, de rendre tout le refte infupportable. Vous le favez; tout homme qui s'éleve s'ifole, & je comparerois volontiers la hiérarchie des ef-prits à une pyramide. Ceux qui font vers la bafe répondent aux plus grands cercles, & ont beau-coup d'égaux : à mefure qu'on s'éleve, on répond à des cercles plus refferrés; enfin, la pierre qui furmonte & termine la pyramide eft feule & ne répond à rien.

Ce qu'il y a de trifte, c'eft que le monde qui veut compter avec les grandes places & les grands talens, fe figure communément que, pour un hom-me qui les réunit, tout eft plaifir ou penfée. Et ce-pendant à quoi fe réduit la vie, fi on fe fert de cette mefure? Séneque & Pétrone, que vous comp-tiez par vos plaifirs ou par vos penfées, vous aurez peu vécu! Quelques jouiffances, quelques idées, voilà ce qui fait le grand homme ou l'heu-reux; & c'eft dans une page d'écriture ou dans les bornes d'un jour, qu'on peut refferrer la gloire & le bonheur d'une longue vie. Il n'en eft pas ainfi de la fottife & du malheur.

Je finis, & je me propofe, fi vous le trouvez bon, d'établir dans une autre lettre, que les philo-fophes fans la morale ne font plus des fages, mais fimplement des raifonneurs. Que la religion n'eft point la perfection de la morale ; car la morale eſt toujours parfaite & n'eſt ſuſceptible de plus ni de moins : mais que la religion eſt le ſupplément des loix, puiſqu'elle ajoute à la peur des ſuppli-ces temporels, la crainte des peines éternelles. *Lex quæ ligat, religio quæ religat.* Qu'ainſi les loix ſont faites pour retenir les méchans, la religion pour les ames intéreſſées & la morale pour les conſciences.

J'ai l'honneur d'être, &c.